LETTRE

A M. JEAN-JACQUES ROUSSEAU

CITOYEN DE GENÉVE,

A l'occasion de son Ouvrage intitulé : *Discours sur l'origine & les fondements de l'inégalité parmi les hommes.*

Homo, cum in honore esset, non intellexit : comparatus est jumentis insipientibus, & similis factus est illis. Ps. 48.

L'Homme *n'a point compris l'excellence* de sa Nature : *il s'est dégradé jusqu'à l'état des Bêtes, & leur est devenu semblable.*

A WESTMINSTER.

M. DCC. LV.

AVIS IMPORTANT
A la Republique Chrétienne

Il y a long-tems qu'on a averti pour la premiere fois ceux qui s'intéressent véritablement à la Religion, & on ne peut trop leur répéter, qu'il y a parmi les *Philosophes* de notre siécle, un complot formé contre elle, & qu'ils ont entrepris de la sapper par les fondements. On peut regarder le Discours que le Sieur J. J. Rousseau vient de publier, comme le dernier effort de l'Enfer. Mais la *griffe* de la *Bête* s'y montre avec tant de hardiesse, *le langage du Dragon*, & le sifflement du *Serpent* s'y font entendre avec si peu d'équivoque, qu'il n'y aura de séduits que ceux qui voudront l'être.

Apoc. 12. & 13.

II. Theff. 2. La manifestation du *mystere d'iniquité* est un des fruits de la victoire que Jesus-Christ a *Colloss. 2.* remportée sur les *Puissances infernales*, *qu'il a exposées en spectacle avec une pleine autorité, après* *II. Tim.* *avoir triomphé d'elles. Ainsi le* *3.* *progrés que feront ces hommes, aura ses bornes ; car leur folie sera connue de tout le monde.* Insipientia enim eorum manifesta erit omnibus.

Cependant leurs misérables productions sont un appas & un piége pour bien des ames : elles sont accueillies & fêtées parmi certain monde ; parce qu'ils ont l'art séducteur d'y faire briller *I. Reg. 2.* des talents que le Dieu des Sciences leur avoit donnés pour un tout autre usage ; talents précieux en eux-mêmes, mais funestes par l'abus énorme qu'ils en font. On a donc cru qu'il étoit moins nécessaire, pour décréditer ces prétendus Philosophes, bouffis & *enflés de leur science*, de réfuter sérieusement leur doctrine diabolique, que d'en faire sentir tout le ridicule & tout l'absurde; ensorte qu'elle se réfutât comme d'elle-même. Si donc nous tirons de leurs principes, non sans une extrême répugnance, les conséquences affreuses, qui en découlent naturellement; c'est pour en inspirer au Public, tant soit peu sensible, je ne dis pas seulement à la Religion, mais même à l'honneur de l'humanité, toute l'horreur & toute la haine, qu'il doit, & qu'il ne manquera pas d'en concevoir.

I. Cor. 8.

C'est dans cette unique vûe qu'on a mêlé dans l'exposition du système abominable du Sieur Rousseau, le sel de l'ironie à la force de la Vérité, suivant cette pensée d'Horace:

> Ridiculum acri
> Fortiùs ac meliùs magnas plerumque secat
> res:

L'ironie décide souvent avec plus de succès les plus importantes questions, que les meilleures raisons qu'on pourroit alleguer. Disons mieux : Nous avons cru nous conformer à cette priere du Roi Prophéte : *Imple facies eorum ignominiâ, & quærent nomen tuum, Domine.* S<small>EIGNEUR</small>, *couvrez leurs visages d'ignominie, & ils chercheront à connoître votre nom.*

Ps. 82.

Au reste, en prenant les intérêts de Dieu, on défend en même-tems ceux des Princes & des Peuples qu'ils gouvernent, contre des Ecrivains, qui, n'ayant ni crainte de Dieu, ni res-

Luc. 18.

peſt pour les hommes, attaquent à la fois les deux parties de cet Oracle du Sauveur : *Rendez à César, ce qui est à César, & à Dieu, ce qui est à Dieu.* Et on ne peut aſſez témoigner ſa ſurpriſe du peu d'attention que l'on paroît faire à cette multitude effroyable de Livres, également impies & ſéditieux, qui inondent la France, ſoit qu'ils y naiſſent, ſoit qu'on les y apporte d'ailleurs ; & qu'on ne manque pas de traduire *, quand ils ſont écrits dans une langue étrangere. Car ſi *le peuple a droit de renoncer à la dépendance*, la crainte des *diſſentions* & des *déſordres qu'entraîneroit néceſſairement ce dangereux pouvoir*, ne ſera pas capable, d'une part,

Matth. 22.

Diſc. pag. 160.

* On a ici en vûe, entre autres Livres de cette eſpece, les *Réflexions Hiſtoriques, critiques & politiques* ſur Tacite, traduites de l'Anglois, il y a peu d'années.

A iv

de retenir ceux qui croiront trouver leur avantage dans les troubles, qu'ils exciteront, comme il est arrivé plus d'une fois chez nos voisins; & la Religion qu'on attaque aujourd'hui jusques dans ses fondements, n'y opposera plus, d'autre part, aucune barriere. Qu'on juge de-là combien sont pernicieux, non-seulement pour le salut, mais même pour la tranquillité publique, des hommes qui n'ont pas honte de préférer les illusions impies, & les rêveries ridicules & mal-cousues que leur cerveau altéré enfante tous les jours, aux preuves solides, inébranlables & infiniment consolantes d'une Religion la plus capable de satisfaire une raison saine, si l'ESPRIT DE VERTIGE, auquel ils sont abandonnés, leur permettoit de l'écouter tranquillement.

Is. 19.

LETTRE

A M. JEAN-JACQUES ROUSSEAU

CITOYEN DE GENÉVE.

A l'occasion de son Ouvrage intitulé: *Discours sur l'origine & les fondements de l'inégalité parmi les hommes.*

ONSIEUR,

C'est assurément un excès de modestie qui vous fait dire que *la plus utile & la moins avancée de toutes* Préf. pag. liij.

les connoiſſances humaines vous paroît être celle de l'Homme. J'oſe dire au contraire que les progrès de l'ESPRIT PHILOSOPHIQUE ſur cette importante matiere, ſont arrivés, dans votre ſcientifique Perſonne, à leur dernier période. Et quoique *la reconnoiſſance* ne *ſoit, ſelon vous, qu'un devoir qu'il faut rendre, mais non pas un Droit qu'on puiſſe exiger*, je me hâte de le remplir à votre égard, au nom de tous les individus de l'*eſpece humaine*, dont vous avez ſi bien mérité par votre derniere production.

<small>Diſc. pag. 150.</small>

Les Anciens nous ont long-tems crié : CONNOISSEZ-VOUS VOUS-MÊME ; mais ces cris confus & impuiſſants n'ont pu percer les ténébres épaiſſes, qui nous déroboient le fond de notre Etre. Aujourd'hui, M. le Soleil ſe leve ; vous portez la lumiere juſqu'au plus intime de notre *Nature*, & vous en dévoilez les myſteres les plus profonds avec tant d'évidence, que nous n'avons qu'à ouvrir les yeux ; & ſans travail, ſans étude, nous ſommes forcés de nous voir tels que nous ſommes. Le portrait que vous nous faites de l'Homme, n'eſt pas de ces eſſais crayonnés au hazard, de ces portraits groſſiers, de ces tableaux manqués, où l'on reconnoît à peine quelque trait obſcur de l'original ; votre pinceau manié par la main d'un habile Maître, a puiſé ſes couleurs dans le ſein de la Nature même ; & le vrai en ſaiſit ſi promptement tous les eſprits, que chacun s'écrie d'abord : Voilà l'Homme *tel qu'il a dû ſortir des mains de l'Etre* bienfaiſant qui ne l'a créé que pour le rendre heureux.

Diſc. pag. 11.

A la ſimple lecture de votre incomparable Diſcours, que d'anciens, que de pernicieux préjugés vont diſparoître ! Moyſe, & après lui, une foule d'Auteurs, tant ſacrés que profanes, ont bien vû que la maladie originelle, la plaie radicale de l'Homme, eſt l'orgueil & l'amour de ſa propre excellence, produit par l'idée de ſa prétendue grandeur. Mais quel remede ont-ils apporté à un mal ſi opiniâtre ? Ils ont preſque tous enſeigné que Dieu, après avoir peint ſa puiſſance & ſa ſageſſe dans la formation, l'ordre & le gouvernement de l'Univers, a traité singulierement l'Homme comme l'objet favori de sa complaisance; qu'il a pris plaisir, pour ainsi dire, à le créer à son image ; qu'il l'a animé d'un souffle divin ; qu'il a rempli son ame de lumiere & d'intelligence; qu'il lui a donné l'empire sur tous les animaux ; qu'il a préparé toutes les autres créatures pour son utilité ; & qu'enfin il l'a destiné à être éternellement heureux par la contemplation & l'amour de ses perfections divines. Tous dogmes, qui sont, il faut l'avouer, autant de vérités précieuses, que vous professez apparemment vous même, M. *Disc. pag. 5.* comme *Philosophe chrétien ;* mais présentées, peut-être hors de saison, à l'Homme corrompu par le vice de *Ibid, p. 6.* l'orgueil ; & que *vous commencez par écarter*, en traitant de sa *Nature*, comme *ne touchant point à la question*. Les Philosophes & sur-tout les Poëtes de l'antiquité payenne, ont encore été plus loin que les nôtres ; ils ont poussé l'excès jusqu'à dire que notre ame est une *particule*, une *émanation*, une *participation* de la Divinité même.

Médecins mal habiles ! Cruels charlatans ! Vous n'avez appliqué à la maladie que vous avez fort bien reconnue, qu'un remede cauſtique qui n'a fait qu'aigrir & irriter la plaie : vous avez préſenté au malade une potion dangereuſe, qui n'étoit propre qu'à donner au poiſon un nouveau dégré de force, & à en étendre de plus en plus les funeſtes ravages !

Il étoit tems, M. que vous paruſſiez dans le monde, & que Genève vous donnât tout à propos naiſſance, pour rappeller le genre humain à ſa *primitive pureté*, comme Calvin y a ramené l'Evangile.

Mais ce qui doit rendre notre reconnoiſſance immortelle, vous avez ſacrifié, pour nous procurer un ſi grand bien, ces *jours tranquilles & innocens, que vous pouviez couler, ſans réfléchir, & livré par la Nature au ſeul inſtinct, dans le pur état de Nature,* pour lequel vous avez un goût ſi décidé : & en vous condamnant, pour l'amour de nous, à des travaux immenſes, à des recherches pénibles, à des méditations profondes ſur la *Nature de l'Homme*, vous avez enfin trou-

Diſc. pag. 22. & 34. & alibi paſſim.

vé le spécifique & salutaire secret de guérir, ou du moins de confondre notre folle présomption.

Que nous reste-t-il donc à faire, pour rendre notre reconnoissance parfaite, sinon de recueillir avec soin vos lumieres, & d'apprendre à votre école & à votre exemple, à nous connoître une bonne fois, pour ne plus nous en faire accroire ? J'espere que, si dans l'analyse abrégée que je vais faire de votre Doctrine, je ne suis pas assez heureux pour en prendre l'esprit, vous voudrez bien me corriger, & m'en donner une plus parfaite intelligence.

Vous commencez votre discours d'une maniere très-capable de nous rendre attentifs à ce que vous avez à nous dire : *C'est de l'Homme, dites-vous d'abord, que j'ai d parler ; & la question que j'examine m'apprend que je vais parler à des hommes. Je défendrai donc,* poursuivez-vous, *avec confiance la cause de l'humanité devant les Sages,* c'est-à-dire, apparemment, devant Mrs de l'Académie de Dijon, qui m'y y invitent. Et attendu que le sujet que vous allez traiter, *intéresse*

Disc. p. 1.

l'Homme en général, vous invitez à votre tour chaque individu de l'espece humaine à vous prêter une attention favorable par cette vive & patétique apostrophe : *O Homme, de quelque contrée que tu sois, quelles que soient tes opinions, écoute ; voici ton histoire telle que j'ai cru la lire, non dans les Livres de tes semblables qui sont menteurs, mais dans la Nature qui ne ment jamais : tout ce qui sera d'elle, sera vrai.* Je vous écoute, M. avec toute l'attention dont je suis capable : dites-moi donc à présent qui je suis.

Disc. p. 7d

Ibid. p. 7 & 8.

Il est important, me répondez-vous, pour bien juger *de l'état naturel de l'Homme, de le considérer dès son origine, & de l'examiner, pour ainsi dire, dans le premier embryon de l'espéce, avec les qualités qu'il a reçues, que son éducation a bien pu dépraver, mais non pas détruire,* & dans cette *céleste & majestueuse simplicité dont son Auteur l'avoit empreint.* En le considerant, en un mot, *tel qu'il a dû sortir des mains de la Nature, je vois un animal moins fort que les uns, moins agile que les autres ; mais à tout prendre, organisé le plus avantageuse-*

Ibid. p. 12.

Ibid. p. 8.

Préf. p. lv.

Disc. p. 12.

Disc. p. 13. ment de tous, & qui, en *observant*, en *imitant leur industrie, s'éleve jusqu'à l'instinct des Bêtes.*

N'est-il point à craindre, M. que l'Homme ne se prévale de ce que vous le dites *organisé le plus avantageusement de tous les animaux ;* & que vous ne laissiez par-là, dans cet animal superbe, une racine amere du mal que vous avez entrepris de guérir ? Car il est très-attentif à saisir ses moindres prérogatives. Il est vrai que vous avez soin d'y joindre un puissant contre-poids, en l'envoyant à l'école des Bêtes, pour s'élever à leur instinct. Mais l'orgueil est bien clair-voyant dans ses intérêts : il pourroit donc trouver en cela quelque contradiction, & soutenir que, puisque l'Homme est de tous les animaux le mieux organisé, il n'est pas *naturel* qu'il ait besoin *d'observer* ni *d'imiter leur industrie pour s'élever à leur instinct :* car on ne conçoit dans les animaux plus ou moins d'industrie, qu'à proportion qu'ils sont plus ou moins avantageusement organisés : ce qui vous fait dire

Ibid. p. 17. à vous-même que l'Homme *surpasse*
tous

tous les animaux en adresse. Aussi voyons-nous que le Singe un des plus adroits, se plaît à *imiter* l'Homme. Peut-être avez-vous prévû & ruiné d'avance toutes ces chicanes & ces vaines subtilités de notre amour propre ; voyons.

Je ne vois, dites-vous, *dans* TOUT *Disc. p. 30. animal*, & par conséquent dans l'Homme qui en est une espece, & que vous *considérez ici du côté métaphy-* Ibid. p. 29. *sique & moral*, qu'une *machine ingénieuse, à qui la Nature a donné des sens pour se remonter elle-même, & pour se garantir jusqu'à un certain point de tout ce qui tend à la détruire, ou à la déranger. J'apperçois précisément les mêmes choses dans la machine humaine.* Je suis édifié, M. de votre respect pour la Nature de l'Homme ! Si vous l'égalez à la Bête, en revanche vous lui accordez le pas honorable sur la Pendule : car celle-ci a besoin d'être remontée par une main étrangere ; au lieu que vous conservez à celle-là la noble fonction de se remonter elle-même.

Mais que dis-je, vous l'égalez à la Bête ? Ma précipitation & le désir im-

B

patient de m'humilier m'a fait commettre une injustice qu'il faut réparer. *Avec cette différence, ajoutez-vous, que la Nature seule fait tout dans les opérations de la Bête ; au lieu que l'Homme concourt aux siennes, en qualité d'Agent libre. L'une choisit ou rejette par instinct ; & l'autre, par un acte de liberté :* D*sc*. p. 32. *& c'est sur-tout dans la conscience de cette liberté que se montre la spiritualité de l'ame.*

Ah ! M. je me suis donc trop tôt flatté d'avoir terrassé & abbattu mon orgueil ? A ce mot de *spiritualité*, il va se relever avec une nouvelle arrogance ! Entre-nous, le pensez-vous bien sérieusement que l'Homme a une *ame*, c'est-à-dire, une substance *spirituelle*, essentiellement différente de la matiere de son corps ? Si la chose est ainsi, non-seulement il est *libre*, non-seule-*Ibid.* ment il a *la puissance de vouloir*, ou plutôt *de choisir*, que vous paroissez lui accorder ici ; il a encore la *faculté de saisir* & de *combiner* certaines idées que Dieu a empreintes dans le fond de son *ame*, & de former, au moyen de ces combinaisons, des raisonnements justes sur la nature & la vérité des choses : ce que nous appellons *pensée*, *entendement*. Voilà bien abondamment de quoi se tirer de pair d'avec la *Bête*. Expliquez-moi, je vous prie, sans ambiguïté, ce que vous pensez de ces deux *puissances de l'ame humaine :* & commencez par l'entendement.

Tout animal, me dites-vous, d'un ton didactique, *a des idées, puisqu'il a des sens ; il combine même ses idées jusqu'à un certain point ; & l'Homme ne diffère à cet égard de la Bête que du plus au moins.* Quelques *Philosophes* ont même avancé, [sans doute, vous n'êtes pas éloigné d'adopter leur décision] *qu'il y a plus de différence de tel homme à tel homme, que de tel homme à telle bête. Ce n'est donc pas tant l'entendement*, concluez-vous, *qui fait parmi les animaux la distinction spécifique de l'Homme, que sa qualité d'agent libre.* Ceci, M. m'ôte la moitié de la crainte où j'étois pour la modestie humaine. Cependant cette *qualité d'agent libre* me laisse encore une partie de mo n inquiétude. Quoi ? l'Hom-

Disc. 31.

B ij

me pourra donc se vanter d'être *libre*, à l'exclusion de tous les autres animaux ? N'y auroit-il point, malgré l'expérience continuelle que chacun de nous fait de cette *qualité d'agent libre*, n'y auroit-il point moyen de nous la rendre au moins douteuse ?

Disc. pag. 32 & 33.
QUAND LES DIFFICULTÉS, continuez-vous, *qui environnent ces questions, laisseroient quelque lieu de disputer sur cette différence de l'Homme & de l'animal, il y a une autre qualité,* [Ah ! M. je tremble, qu'allez-vous dire ?] *il y a une autre qualité très-spécifique qui les distingue, & sur laquelle il ne peut y avoir de contestation ; c'est la faculté de se perfectionner ; faculté qui, à l'aide des circonstances, développe successivement toutes les autres.*

Avouez-le, M. en vérité, vous êtes bien cruel, & vous vous plaisez à tourmenter les gens ! Je cherche dans votre Discours un remede spécifique à mon orgueil, & vous ne m'y donnez que des palliatifs ! Car enfin, ne me suffit-il pas à moi *homme*, pour me préferer à la *Bête*, de sçavoir que j'ai, à son exclusion, l'heureuse *faculté* de me rendre *plus parfait* ? Au nom de Dieu, ôtez une bonne fois tout retour & tout échappatoire à ce monstre horrible de l'orgueil ! Dites-moi au plus vîte, que pensez-vous de cette belle *faculté de se perfectionner ?*

Cette faculté distinctive, bien loin de relever l'Homme, n'est propre qu'à l'humilier. Elle est la source de tous ses malheurs ; elle le tire, à force de tems, de cette condition originaire, dans laquelle, livré par la Nature au seul instinct, il couleroit des jours tranquilles & innocens ; elle ne lui sert qu'à altérer sa constitution originelle, par l'acquisition d'une multitude de connoissances, qui lui ôtent les moyens d'acquérir la plus importante de toutes, celle de se connoître ; elle le rend seul sujet à devenir imbecille ; puisque, tandis que la Bête, qui n'a rien acquis, & qui n'a rien non plus à perdre, reste toujours avec son instinct ; l'Homme reperdant par la vieillesse ou par d'autres accidents, tout ce que sa perfectibilité lui avoit fait acquérir, retombe ainsi plus bas que la Bête même.

Disc. pag. 33 & 34. & alibi passim.

Préf. pag. liv & lv.

Oh! maintenant, M. me voilà tranquille : ceci porte le coup mortel à mon orgueil.

Graces immortelles à l'Esprit Philosophique; nous sommes *arrivés au but, nous commençons à nous connoître ; ou pour le moins, nous sommes à portée de former des conjectures sur notre état primitif, sur notre bonheur originel, & d'examiner, avec les Aristotes & les Plines de notre siécle, pour parvenir à connoître l'Homme naturel, si nos ongles allongés ne furent point d'abord des griffes crochues ; si nous n'étions point velus comme des Ours ; & si, marchant à quatre pieds, nos regards dirigés vers la terre, & bornés à un horison de quelques pas, ne marquoient point à la fois le caractere & les limites de nos idées.*

Voilà qui est bien consolant pour nous ! Car que sçavons-nous si, au moyen des *progrès*, que vous allez faire dans l'Anatomie comparée ; en méditant profondément *le sujet*, & à la faveur sur-tout des heureuses découvertes que feront les *nouveaux* & infatigables *Hercules* ; dont vous nous

Disc. p. 4.
Ibid. pag. 10. 11. 34. & alibi.
Préf. pag. lviij.

Disc. p. 11.

Préf. pag. lviij.
*Voyez toute la note * 3. & note * 8. p. 236.*

chantez tant de merveilles, nous ne rentrerons point bien-tôt en possession de notre *primitive* & *désirable conformité avec les Bêtes* ? N'allez pas vous laisser *éblouir*, encore moins arrêter dans vos *intéressantes* recherches, par la pensée triviale de certain Poëte Payen, qui rêva un jour que Dieu avoit *donné à l'Homme un visage tourné vers le Ciel, pour l'obliger d'y porter ses regards*, & lui rappeller par-là sa *céleste* origine :

Os homini sublime dedit, cœlumque videre Jussit, & erectos ad sidera tollere vultus. *Ovid. Metamorph. L. 1. Fab. 2ᵃ.*

Qui ne sçait que cet Auteur ne nous a débité que des fables, & de sades & chimériques *Métamorphoses* ? Ah ! quand reverrons-nous des Hommes-bêtes, *marchant à quatre pieds*, & le *visage tourné vers la terre* ! C'est alors que nous rirons à notre aise & du Poëte rêveur & du Psalmiste Royal *, dont

Ps. 4l

* Ces conséquences, qui coulent naturellement des principes de notre prétendu Philosophe, causeront de l'horreur à tout Chrétien ; aussi est-ce pour cet effet que nous les

la voix importune nous crie sans cesse : *Enfants des hommes, jusqu'à quand aurez-vous le cœur appesanti vers la terre?* FILII *hominum usquequò gravi corde?*

Mais où m'emportent les transports aveugles d'une joie prématurée ? Peut-être, hélas ! la génération présente ne verra-t-elle pas l'accomplissement de nos flatteuses espérances ?

Ce qui me fait naître cette triste réflexion, M. c'est que *tous les progrès de l'espéce humaine, selon vos principes, l'éloignant sans cesse de son état primitif, plus nous accumulons de nouvelles connoissances, & plus nous nous ôtons les moyens d'acquérir la plus importante de toutes, & c'est, en un sens, à force d'étudier l'Homme, que nous nous sommes mis hors d'état de le connoître. Comment, en effet, l'Homme viendra-t-il à bout de se voir tel que l'a formé la Nature, l'ame humaine ayant été altérée au sein de la société par*

Préf. pag. liv & lv.

tirons, comme nous en avons déja averti le Lecteur : avis dont nous le prions instamment de se souvenir dans les endroits semblables qui vont suivre.

l'acquisition

l'acquisition d'une multitude de connoissances? Je désespere presque de tout, quand je considere que cette fatale altération est à son comble dans nos *nouveaux Hercules*, aussi-bien que dans les *Aristotes* & les *Plines* de notre siécle!

Ici, je sens s'allumer dans mes veines une furieuse colere contre celui qui le premier institua des Ecoles, des Universités, des Académies! Certes, pour emprunter l'expression du Poëte Lyrique,

 Illi robur, & æs triplex   *Horat. lib.*
  Circa pectus erat: *1. Od. 3.*

c'est-à-dire, il falloit que cet homme eût un cœur de rocher, & muni d'un triple airain! Ce nouvel Epiméthée, par cette invention, plus funeste que l'ouverture de la Boëte de Pandore *,

* Personne n'ignore ce que la Fable dit: Que Jupiter irrité contre Prométhée de ce qu'il avoit dérobé le feu du Ciel pour animer les premiers hommes, envoya Pandore sur la terre avec une boëte où étoient renfermés tous les maux; qu'elle présenta cette boëte à Prométhée; qu'au refus qu'en fit

puisqu'elle nous ôta même l'espérance, inonda la terre d'un déluge de maux, inconnus à l'âge d'or de l'*Homme*, lorsque n'étant ni *ébloui par des lumieres, ni tourmenté par des passions, il ne pouvoit être ni bon ni méchant, n'avoit ni devoirs connus, ni vertus ni vices,* & par conséquent, avoit *le cœur en paix & le corps en santé.*

<small>Disc. pag. 62 & 63.</small>

<small>Horat. lib. 1. Od. 3.</small>

. . . . . . Macies, & nova febrium
Terris incubuit cohors.

Mais cessons d'adresser des plaintes inutiles à qui ne nous entend pas : hâtons-nous plutôt de jouir des brillantes lumieres, qui nous sont par vous actuellement acquises, en continuant d'écouter vos *intéressantes leçons sur notre histoire telle que vous avez crû la lire dans la Nature qui ne ment jamais.*

<small>Disc. pag. 7 & 8. Préf. pag. liij.</small>

<small>Disc. pag. 22.</small>

Vous osez presque assurer, M. [& celui-ci, elle la donna à Epiméthée son frere, qui eut l'indiscrétion de l'ouvrir : qu'enfin de cette malheureuse boëte sortirent tous les maux qui inondèrent la terre ; & qu'il ne resta dans le fond que la seule Espérance.

vous le voyez avec évidence ; car un Philosophe n'assure rien qu'il ne le voye ainsi. Mais que veut dire ce mot *presque ?* Votre vûe, après avoir si bien *médité le sujet,* seroit-elle encore louche & chancelante ?] Cependant *vous osez presque assurer que, si la Nature nous a destinés à être sains, l'état de réflexion est un état contre Nature, & que l'Homme qui médite est un animal dépravé.* Préf. pag. lviij.

M. les Géographes les plus habiles sont encore aujourd'hui embarrassés où ils doivent placer le berceau du Genre-humain, & ils ne sont pas d'accord sur la région fortunée de l'Univers où la Nature a conçu, nourri & déposé le premier Embryon de notre espéce : mais j'apperçois dans votre lumineux principe de quoi les tirer d'embarras.

Vous assurez, vous Philosophe Rousseau, *que l'état de réflexion est un état contre Nature :* un célébre Poëte Rousseau assure à son tour, qu'on a trouvé en Phrygie un individu de l'espece humaine, dont l'ame ne fut jamais altérée au sein de la société par

C ij

l'*acquifition* d'aucune *connoiffance*, &
dont la *réflexion n'altéra* jamais ni *la
fanté* ni l'embonpoint ; un homme

*Rouffeau
Allégorie
V. Liv. 1.*

. . . . affez haut de ftature,
Large de croupe, épais de fourniture,
Flanqué de chair, gabionné de lard :
Tel, en un mot, que la Nature & l'art,
En maffonnant les ramparts de fon ame ;
Songerent plus au foureau qu'à la lame ;
Trop négligents à polir les refforts
De fon efprit plus charnu que fon corps.

Certes, vous-même, M. qui avez fi bien étudié & qui connoiffez fi parfaitement l'*Homme naturel*, je ne crois pas que vous puiffiez appercevoir dans ce tableau aucun trait *contre Nature*. Voilà donc la grande & curieufe queftion de Géographie réfolue tant en vers qu'en profe ; & la Phrygie eft plus que probablement le pays natal de l'*Efpece humaine*, puifqu'elle y a été moins altérée que par-tout ailleurs.

Au refte, je fçais que le fujet de votre Difcours qui *intéreffe* plus l'*Homme*, n'eft pas la Géographie : il y a une conféquence bien plus importante pour la *santé* du Genre-humain, à tirer de votre *assertion* : c'est que David, ce jeune berger, étoit certainement enivré de quelque saint enthousiasme, & livré à quelque pieuse illusion, lorsqu'il nous chantoit sur sa harpe ; que le bonheur de l'*Homme* est de *méditer* jour & nuit la Loi de Dieu. Ainsi, que notre Mere la sainte Eglise, dans ses Offices, fasse éternellement retentir cette vieille chanson sous ses voutes sacrées ; nous lui boucherons plus exactement que jamais nos oreilles. *Is. 1.*

Il est encore aisé de conclure de votre second principe ; que *l'entendement* du sage Salomon étoit *en délire*, lorsqu'il nous défendoit d'*abandonner nos yeux au sommeil*, & qu'il nous renvoyoit à l'école & à l'exemple de la Fourmi, pour nous instruire & nous encourager au travail. Il devoit sçavoir, lui qui sçavoit tant de choses, que ce précepte heurte de front la Nature ; puisque l'*Homme*, dans son état primitif, dans sa condition originelle, où *son cœur est en paix, & son corps en santé, doit aimer à dormir*, *Préf. p. lv.*

Prov. 6.

Disc. pag. 62 & 28.

C ij

comme les autres animaux, qui, pensant peu, dorment, pour ainsi dire, tout le tems qu'ils ne pensent point. Il ne devoit pas ignorer, encore un coup, *Disc. pag.* que l'*Homme*, dans l'état de son bon-*34 & 35.* heur originel, livré par la Nature au seul instinct, ne fait, avec tous les animaux, qu'*appercevoir & sentir*, & que *ces fonctions purement animales*, faisoient toute l'occupation de son premier état.

Que veut dire enfin ce Prince, quand il nous débite avec emphase cette maxime populaire, plus digne *Eccle. 12.* d'esclaves que d'animaux libres: *Craignez Dieu, observez ses Commandements*, CAR C'EST LE TOUT DE L'HOMME? Il parloit apparemment *Disc. p. 8.* à l'*Homme dépravé par l'éducation*, *Préf. pag.* & dont *l'ame a été altérée par l'acqui-*liv.* sition d'une multitude de connoissances*. *Disc. p. 4.* Car l'*Homme considéré dans sa constitution originaire, & tel que l'a formé la Nature*, en un mot, l'*Homme dans sa* *& page 43* primitive pureté, ne doit avoir *la no-*comparées.* tion ni du Juste & de l'Injuste;* elle *Disc. pag.* lui seroit inutile; *ni d'aucuns devoirs:* *63 & 64.* à moins qu'on n'appelle devoirs ce qu'il

doit d'son bien être, & à la commisé- | Préf. pag.
ration que la Nature lui inspire pour | lxv.
tout Être sensible. Encore un coup,
l'Homme naturel n'a ni vices ni vertus;
à moins qu'on n'appelle vices dans l'individu, les qualités qui peuvent nuire
à sa propre conservation; & vertus,
celles qui peuvent y contribuer. Au sur-
plus, le TOUT de l'HOMME tel qu'il a | pag. 12 &
dû sortir des mains de la Nature, les | 36.
seuls biens qu'il connoisse dans l'Univers, sont la nourriture, une femelle,
& le repos. Je le vois, dites-vous encore fort élégamment, se rassasiant
sous un chêne, se désaltérant au premier ruisseau, trouvant son lit au pied
du même arbre qui lui a fourni son re-
pas; & voilà ses besoins satisfaits:
son cœur ne lui demande rien de plus.

Les deux ou trois derniers traits de | pag. 38.
votre hommel original, M. non-seulement achevent de le rendre entierement semblable aux Bêtes; mais ils
lui assurent une ressemblance singulierement remarquable avec l'une d'entre elles : tout le monde sçait que le
POURCEAU pense le moins, dort le | pag. 35.
plus, & qu'il ne connoît, n'apperçoit,

& ne fent dans l'Univers d'autres biens que l'auge & la fange. O ! heureux l'homme, qui, en *obfervant* & *en imitant fon induftrie*, pourra s'élever jufqu'à fon inftinct !

Difc. pag. 13.

Voilà, M. une petite partie de ce qu'il y a de plus *intéreffant* pour *l'humanité*, dont *vous défendez la caufe avec confiance*, dans l'hiftoire de notre efpece, telle que nous la lifons dans votre admirable Difcours, & *telle que vous avez cru* vous-même *la lire dans la Nature qui ne ment jamais. Vous ne devez pas être mécontent de vous-même*, car *vous vous êtes rendu très-digne de votre fujet.*

pag. 1.

Voyons maintenant quelle fera la conclufion d'un Difcours, dans lequel vous avez défendu avec tant de fuccès la caufe de l'humanité.

Notes p. 217 & 218.

Quoi donc ? vous écriez-vous, *faut-il détruire les fociétés, & retourner vivre dans les forêts avec les Ours ? Conféquence*, ajoutez-vous, *à la maniere de mes Adverfaires, que j'aime autant prévenir que leur laiffer la honte de la tirer.* Puis, vous avez le courage de nous adreffer, fans rougir, cette

pieuse & chrétienne exhortation : « O
» vous à qui la voix céleste ne s'est
» point fait entendre, & qui ne recon-
» noissez pour votre espece d'autre des-
» tination que d'achever en paix cette
» courte vie, ... reprenez, puis-
» qu'il dépend de vous, votre antique
» & premiere innocence ; allez dans
» les bois perdre la vûe & la mémoire
» des crimes de vos contemporains ;
» & ne craignez point d'avilir votre
» espece, en renonçant à ses lumieres
» pour renoncer à ses vices. Quant aux
» hommes semblables *à moi, dont les*
» *passions ont détruit pour toujours l'o-*
» *riginelle simplicité ; qui ne peuvent*
» *plus se nourrir d'herbes & de gland;*
» .... *ceux qui furent honorés dans*
» *leur premier Pere de leçons surnatu-*
» *relles;* ceux qui verront, dans l'in-
» tention de donner d'abord aux ac-
» tions humaines *une* MORALITÉ
» *qu'elles n'eussent de long-tems acqui-*
» *se,* la raison d'un précepte indifférent
» par lui-même, & inexplicable dans
» tout autre systême : ceux en un mot,
» qui sont *convaincus* que la voix di-
» vine appella *tout le Genre-Humain*

» aux lumieres & au bonheur des cé-
» lestes Intelligences ; tous ceux-là tâ-
» cheront, par l'exercice des *vertus*
» *qu'ils s'obligent à pratiquer en appre-*
» *nant à les connoître*, à mériter le
» prix éternel qu'ils doivent en at-
» tendre. »

Disc. p. 32. C'est bien dommage, M. que les Philosophes *disputent & contestent* à l'Homme *la puissance de vouloir, ou plutôt de choisir.* Si cette puissance dans l'Homme étoit certaine, nous n'aurions nulle peine à deviner votre choix entre les deux partis que vous proposez à vos Lecteurs dans votre patétique exhortation ; sur-tout, en considérant que vous vous rangez vous-même dans la classe de ces *hommes, dont les passions ont détruit pour toujours l'originelle simplicité, & qui ne peuvent plus se nourrir d'herbes & de gland.* Du reste, vous ne nous avez pas donné lieu de croire que vous *vous obligeassiez à pratiquer* les maximes de l'Évangile *en apprenant à les connoître.* Nous verrons bien-tôt un commentaire succinct de la suite de votre belle peroraison.

Puis-je espérer que jusqu'ici vous aurez été content de moi ? Il me semble au moins que j'ai assez bien entendu votre système, & que j'en ai tiré les conséquences les plus *intéressantes* pour l'Homme avec assez de justesse, pour m'être rendu digne de votre confiance. Ainsi, après avoir admiré, comme je devois, l'ingénieux expédient que vous avez imaginé pour guérir l'enflure du cœur humain, je vais vous proposer avec liberté mes inquiétudes sur un article, mais article essentiel de votre système. Je me crois d'autant plus indispensablement obligé de vous communiquer mes doutes & mes scrupules sur cet article, qu'il me paroît en être comme la pierre fondamentale ; & que, si cette pierre n'étoit pas solidement appuyée, tout l'édifice seroit en grand danger de tomber.

Vous dites donc, M. que l'état de l'Homme, tel que je viens de le décrire d'après votre Discours & dans vos propres expressions, *est l'état dans lequel il a dû sortir des mains de la Nature.* Voilà ce que je regarde com- *Disc. pag. 12.*

me la pierre fondamentale de vôtre système. Vous ajoutez que cet *état n'existe plus, qu'il n'a peut-être point existé, & que probablement il n'existera jamais.* Vous concluez qu'il faut nièr que, même avant le Déluge, les hommes se soient jamais trouvés dans le pur état de Nature, c'est-à-dire, dans l'état où vous supposez qu'ils ont dû sortir des mains de la Nature, à moins qu'ils n'y soient retombés par quelque événement extraordinaire : paradoxe, ajoutez-vous, fort embarrassant à défendre, & tout-à-fait impossible à prouver.

C'est néanmoins *cet état* que vous vous proposez d'*examiner* dans votre Discours. J'avois cru jusqu'à présent qu'un Philosophe ne s'occupoit que de matieres véritablement *intéressantes* : vous-même, vous nous annoncez que le *sujet* de votre Discours *intéresse l'Homme en général*, que vous allez puiser les matériaux de l'*histoire de l'espece humaine dans la Nature qui ne ment jamais ; & que tout ce qui sera d'elle sera vrai.*

Hé ! M. quel *intérêt* peut avoir,

_{Préf. pag. lviij.}

_{Disc. p. 5. & 6.}

_{Ibid. p. 7.}

_{Ibid. p. 8.}

ou prendre l'Homme à l'histoire d'un état, qui n'existe plus, qui n'a peut-être point existé, & qui probablement n'existera jamais? Quelle vérité peut-il espérer de trouver dans une *histoire*, dont *vous commencez par écarter tous les faits*, sous prétexte qu'ils ne touchent point à la question? Vous ajoutez, *il n'y aura de faux que ce que j'y aurai mêlé du mien sans le vouloir* : j'ai bien peur que ce trait de modestie, assez mal placé, ne nous enleve une grande partie de *notre histoire*. D'ailleurs est-ce mêler à une histoire du *faux sans le vouloir*, que d'en *écarter les faits* de propos délibéré, pour y substituer à fantaisie *des raisonnements hypothétiques & conditionnels*? Vous prétendez, il est vrai, que ces *raisonnements* sont *plus propres à éclaircir la Nature des choses qu'à en montrer la véritable origine*.

Mais ce *paradoxe* me paroît d'autant plus étrange, que vous nous promettiez une *histoire de l'espece humaine telle qu'elle a dû sortir des mains de la Nature*. Car s'il est vrai que l'état, dans lequel vous placez & décri-

Disc. p. 6.

vez l'Homme, *n'exiſte plus*, *n'a jamais exiſté*, & *n'exiſtera jamais*, l'Homme eſt donc ſorti des mains de la Nature autrement & tout autre qu'il *n'a dû en ſortir.* Car il en eſt ſorti, puiſqu'il exiſte : cependant, ſelon vous, il n'eſt plus, il n'a jamais été, & il ne ſera jamais tel qu'il *a dû ſortir des mains de la Nature.*

Voilà, M. le fond du procès que j'appréhende que bien des gens ne vous intentent, & dont je déſeſpere que vous vous tiriez jamais avec honneur. Vous dites *qu'on ne propoſe point de queſtions ſemblables à celle que vous examinez en traitant de la Nature de l'Homme, quand on craint d'honorer la vérité :* mais il eſt à craindre que vous ne l'ayez déshonorée, & que vous ne ſoyez accuſé d'être dans l'erreur & quant au FAIT & quant au DROIT.

Quant au fait, c'eſt-à-dire, quant à la queſtion, s'il y a jamais eu des hommes tels que vous les dépeignez dans votre *pur état de Nature.* Vous niez le FAIT. Mais on n'a, pour vous en convaincre, qu'à vous renvoyer à

Diſc. p. 1.

votre propre expérience. Je doute donc, M. que vous n'ayez jamais eu sous les yeux de ces hommes qu'un Ancien appelle le TROUPEAU d'Epicure; de ces hommes qui, *comme les animaux, aiment à dormir, pensent peu, & dorment tout le tems qu'ils ne pensent point;* de ces hommes qui *livrés au seul instinct, ne font autre chose qu'appercevoir & sentir, & qui ne connoissent d'autres biens dans l'Univers que la nourriture, une femelle, & le repos;* de ces hommes enfin qui s'unissent fortuitement à la premiere femelle qu'ils rencontrent, sans avoir le moindre souci des suites de leur action, & qui ont fait naître l'idée d'ériger & de fonder, presque de nos jours, la Maison que nous connoissons à Paris sous le nom d'Hôpital des Enfants-Trouvés, par un effet de cette commisération pour tout Etre sensible, que vous dites être l'un des *deux* seuls principes, d'où vous paroissent découler toutes les regles du droit naturel.

Mais vous-même, M. vous décidez la question : car ne vous flattez-vous pas que, si un Montesquieu, un

Disc. p. 47.
Note * 30.
p. 247.

Tréf. pag. lv. & *Disc.* p. 68-75.

Voy. toute

la note * 8. *Buſſon, un Didérot, un Duclos, un*
pages 219. *d'Alembert, un Condillac, un Mau-*
237. *pertuis, ou des hommes de cette trem-*
pe, voyageoient dans toutes les par-
ties de l'Univers, ils y trouveroient
p. 221. *des hommes que nos voyageurs grof-*
ſiers prennent pour des bêtes, à cauſe
Diſc. pag. *de la ſtupidité qu'ils remarquent en*
63. *eux ; & dans laquelle vous ſoutenez*
que l'eſpece humaine a dû ſortir des
Notes pag. *mains de la Nature ? Ne ſuppoſez-vous*
236 & 237. *pas que, ſi ces nouveaux Hercules, de*
retour de leurs courſes mémorables,
faiſoient enſuite à loiſir l'hiſtoire de ce
qu'ils auroient vû, nous verrions nous-
mêmes ſortir un monde nouveau de deſ-
ſous leur plume, & nous apprendrions
ainſi à connoître le nôtre ?

Vous êtes ſi perſuadé qu'ils vous ſer-
viroient à ſouhait, que vous exhortez
Notes pag. *les riches à ouvrir leur bourſe à ces*
234 & 235. *hommes de génie, pour les engager à*
un célèbre voyage autour du monde ; &
les mettre à portée d'étudier, d'obſer-
ver & d'examiner les eſpeces d'animaux
Antropoformes, comme les Orang-
Outang, les Pongos, les Enjokos, les
Beggos, les Mandrills, &c. dans la
confiance

confiance qu'ils découvriroient parmi ces bêtes, & qu'ils revendiqueroient plusieurs individus de l'ancienne espece humaine telle qu'elle a dû sortir des mains de la Nature. Vous ne désespérez pas qu'ils n'en trouvassent même de quadrupedes, le visage tourné vers la terre, que nos Voyageurs prennent pour des bêtes; parce qu'ils ignorent les changements qui ont dû survenir dans la conformation, tant intérieure qu'extérieure de l'Homme, par les puissants effets de la diversité des climats, de l'air, des aliments, de la maniere de vivre, & des habitudes en général. *Disc. pag. 11. Notes pag. 220. 221. & 222. Voy. toute la note * 8.*

Que sçait-on, en ... t, si tous ces prétendus animaux ne sont point de précieux restes non *altérés*, non dégénérés de notre espéce; & si nous n'aurions point dans leurs personnes, munies du sceau de nos *nouveaux Hercules*, des témoins non récusables de votre pur état de Nature?

Quoi qu'il en soit, voilà, M. ce que je crains qu'on n'allégue contre la partie de votre systême que j'ai appellé le FAIT.

Avant que de passer à la question

D

de DROIT, je me souviens qu'en *niant que les hommes se soient jamais trouvés dans le pur état de Nature*, vous y avez mis cette restriction : *à moins qu'ils n'y soient retombés par quelque événement extraordinaire*, événement que vous qualifiez *de Paradoxe fort embarrassant à défendre, & tout-à-fait impossible à prouver*. Il est bon de vous avertir ici que vos Adversaires se garderont bien de dire qu'ils y sont *retombés* ; mais ils soutiennent qu'ils sont *tombés*, non *dans le pur état de Nature*, mais *dans l'état de Nature corrompue & altérée par un événement*, dont un des plus grands Philosophes du siécle dernier dit, en l'appellant un *mystere*, *que l'Homme est plus inconcevable à lui-même sans ce mystere, que ce mystere n'est inconcevable à l'Homme*. D'où il conclut que ces deux états d'innocence & de corruption, dans l'Homme, étant ouverts, il est impossible que nous ne les reconnoissions pas. D'ailleurs le plus ancien, le plus respectable & le plus croyable de tous les Historiens, aux Ecrits duquel vous voulez que tout

Disc. p. 5.

Notes pag. 217.

Pensées de Pascal. art. III.

Philosophe Chrétien ajoute foi, rend à l'état de Nature corrompue qui a succédé à l'état d'Innocence, le témoignage le plus authentique. *Cet événement n'est donc ni embarrassant à défendre, ni impossible à prouver.*

Encore une réflexion sur le FAIT. Vous répétez plusieurs fois, M. que vous *ne concevez pas la possibilité de l'invention des langues, ni leur diversité.* Cependant elles existent ; & il y a long-tems : puisque Moyse nous apprend qu'Adam le premier de tous les hommes, *donna à chacun des animaux* qui parurent devant lui, *le nom qui lui convenoit* & qui lui resta : il nous apprend encore que la *diversité des langues* doit son origine à la journée de *Babel :* deux choses que *vous ne concevez pas.* Voilà donc un Philosophe convaincu par son propre aveu, dans votre illustre Personne, de ne pas *concevoir* des choses bien réellement existantes. Belle leçon pour tous M^rs vos confreres les Philosophes qui ne veulent croire que ce qu'ils comprennent, & qui renferment la *possibilité* & l'existence des Etres dans

Disc. pag. 44 & suiv.

Genes. 2.

Ibid. 11.

D ij

le cercle étroit de leur raison.

Venons maintenant à la question de *Droit*. Il s'agit de sçavoir si l'état de l'Homme que vous représentez tout-à-fait semblable aux Bêtes, est l'état dans lequel *il a dû sortir des mains de la Nature*. Je ne vous dissimulerai pas que je crois votre cause en ce point au moins aussi désespérée que dans le premier.

Quel orage j'entends gronder sur votre tête ! Quelle foule d'*Adversaires* vont s'élever contre vous ! Quelle armée de combattants se préparent à vous lancer leurs traits ! Pour vous faire sentir toute la prise & tout l'avantage que vous leur avez donné, en traitant cette question, je n'ai pas besoin d'entrer en détail dans toutes les matieres qui y ont rapport, & que vous y avez embrassées : il faudroit être à la fois Théologien, Philosophe, Jurisconsulte, Moraliste, Politique, Naturaliste, enfin tout ce que vous êtes ; & je ne suis rien de tout cela. Je me bornerai donc à un seul point, celui du *Mariage* de l'Homme tel qu'*il a dû sortir des mains de la*

Nature; parce que cet article regarde tous les états, & qu'il intéresse plus généralement les hommes : & par occasion je dirai un petit mot de votre *Droit Naturel*.

Vous avancez donc, M. que *dans votre pur état de Nature, le mâle & la femelle*; [entre nous, il auroit été plus décent & plus honnête de dire, l'homme & la femme. Mais il est permis à un Philosophe d'employer le langage cynique pour humilier l'Homme & lui faire sentir en toute rencontre combien il est semblable aux Bêtes. D'ailleurs la bienséance est apparemment une de ces *dépravations* introduites par la *société* qui *altere* en tout notre *pureté primitive*.] Vous avancez que *le mâle & la femelle, dans l'état primitif, s'unissoient fortuitement selon la rencontre & l'occasion, sans avoir le moindre souci des suites de leur action* * ; qu'ils se quit-

Disc. pag. 47 & 48.

Notes pag. 247.

_____
* Ce n'est pas sans une peine extrême qu'on s'est déterminé à relever plusieurs fois des expressions aussi indécentes & aussi onéreuses aux oreilles chastes : mais on a cru qu'il étoit important de faire connoître jus-

toient avec la même facilité ; que la mere alaitoit d'abord ses enfans, [vous deviez dire ses petits] pour son propre besoin ; puis l'*Habitude* [non la Nature] *les lui ayant rendus chers, elle les nourrissoit ensuite pour le leur* : que *les enfans ne tardoient pas à quitter la mere elle-même ; & qu'ils en étoient bien-tôt au point de ne pas se reconnoître les uns les autres*. Un Lecteur tant soit peu distrait sur le *sujet de votre Discours*, pourroit sans extravagance s'imaginer que vous nous faites ici, non l'*histoire* ancienne & *hypothétique* des hommes, mais l'histoire réelle & journaliere des Chiens. Et je ne puis m'empêcher de vous avertir, à cette occasion, que bien des gens seront choqués de ce que, enseignant d'une part, que la Nature a imposé aux hommes le *devoir* de la *commisération* pour tout *Etre sensible*, même pour *la Bête* ; parce qu'elle tient en quelque chose à notre *Nature* ; vous

Préf. pag. lvj & lxvij.

qu'à quel point les Philosophes de notre siécle sont abandonnés à leur sens dépravé, & à la corruption de leur cœur insensé, & plongé dans les ténébres.

semblez nier de l'autre qu'elle leur ait donné *le moindre souci* du propre fruit de leurs entrailles. Je sçais que ce n'est ici qu'une de ces contradictions dont fourmille votre Discours, & où vous jette *votre coutume paresseuse de travailler à bâton rompu* : mais cela n'en est pas moins *scandaleux*. Revenons au Mariage de l'Homme primitif. *Avertiss. sur les notes. Préf. page* lx.

Moyse, cet Auteur, *aux Ecrits duquel vous avouez que tout Philosophe Chrétien doit ajouter foi*, raconte la chose un peu autrement que vous. Il dit qu'Adam le premier homme, & par conséquent, *dans l'état primitif*, lorsque la femme nouvellement formée de sa côte, lui fut présentée, s'attacha irrévocablement à elle, & s'écria : « Voilà maintenant l'os de » mes os, & la chair de ma chair : » c'est pourquoi, ajouta-t-il, l'hom- » me quittera son pere & sa mere, & » s'attachera à sa femme, & ils ne se- » ront tous deux qu'une seule chair. » *Genes.* 2. Franchement, M. vous êtes ici avec Moyse dans une *contradiction* bien *scandaleuse !* Vous ne pouvez vous en tirer qu'en avouant de bonne foi, que

votre récit sur *l'union fortuite* de l'homme & de la femme, est une de ces *Disc. p. 8.* *faussetés que vous aurez mêlées* dans notre *histoire sans le vouloir.* Car je *Ibid. p. 5.* ne puis croire que vous rangiez *les Ecrits de Moyse* au nombre *des Livres de nos semblables qui sont menteurs*, puisque vous convenez qu'il *Ibid. p. 6.* faut *y ajouter foi*: vous n'*écarterez* pas non plus, ou du moins, vous ne pouvez *écarter les faits* qu'il nous raconte sur ce sujet, comme *ne touchant point à la question*: rien n'y *touche* plus sensiblement ni plus directement. Avouez donc que ce trait seul suffit pour déconcerter étrangement votre système. Car Moyse, interprété par notre uni-
Matth. 19. que & souverain Maître & Docteur,
& 23. nous présente d'une part, une alliance perpétuelle & indissoluble entre le mari & la femme; & de l'autre, des enfants liés par la Nature à leurs pere & mere, jusqu'à ce que le Mariage les en sépare. Ce qui ressemble, on ne peut pas plus, à ce que nous appellons *famille*, dans notre état de *société*.

Tout ce que je puis faire de mon côté, c'est de rendre justice à vos intentions

tentions. Vous voulez complerter le bonheur de votre homme du *pur état de Nature*, & pour cet effet le décharger du soin pénible d'une famille ; de la triste nécessité de nourrir & de supporter une femme ; du fardeau accablant, je l'avoue, de l'éducation & de l'établissement de ses enfants ; mais sur-tout, du joug insupportable, & du *devoir* très-gênant *d'une éternelle fidélité*, qui, selon vous, *ne sert qu'à faire des adultères*.

Mais c'est précisément ce qui va soulever contre vous nos Théologiens, dont l'autorité n'est pas méprisable, & qui regardent toutes ces charges comme autant de *devoirs* imposés à l'Homme *par la Nature*. Je sens parfaitement que Moyse, dont vous-même respectez *les Ecrits* comme *Philosophe Chrétien*, leur administrera contre vous des armes invincibles. Puis, les Théologiens ne renoncent point aux arguments que peut leur fournir une bonne & saine Philosophie ; d'autant plus que plusieurs des Dogmes sacrés qu'ils défendent ont aussi leurs fondements dans le sein de

E

cette mere féconde de toutes les Sciences : témoins vous, Mrs les Philosophes, dont un grand nombre se réduisent aujourd'hui à la Religion Naturelle qu'ils trouvent par conséquent fondée dans les seules lumieres de leur raison, tout *altérée* qu'elle est *par l'acquisition d'une multitude de connoissances & d'erreurs.*

D'ailleurs, vous n'êtes pas assez simple, M. pour vous imaginer que les Théologiens soient les seuls *Adversaires* que vous allez avoir sur les bras. Malgré les progrès immenses de l'Esprit Philosophique, il est encore parmi nous de ces Chrétiens tels que fut dans le siécle passé le célébre *Pascal* ; de ces Chrétiens sinceres & de bon alloi ; de ces Chrétiens fermes & inébranlables, qui s'opposeront toujours comme des murs d'airain à tout ce qui pourroit porter la moindre atteinte à leur Foi ; de ces Chrétiens, en un mot, qui croyent devoir sacrifier biens, dignités, repos, liberté, & la vie même, pour transmettre à leurs Descendants dans leur pureté virginale, les Dogmes divins qu'ils ont reçus de leurs Peres, & qu'ils regardent comme leur héritage le plus précieux.

Jugez, M. de la maniere dont votre systême sera reçu de tous ces gens-là, par l'accueil qu'ils ont fait à certains Ecrits d'un Voltaire, d'un Montesquieu, d'un Maupertuis, d'un Buffon, d'un d'Argens, & autres *nouveaux Hercules*, qui, ayant tous entrepris les mêmes *travaux*, & combattant tous la même *Hydre*, ont tous à craindre de finir par endosser la *chemise du centaure* NESSUS*. Car il faut convenir ici de bonne foi, que votre Doctrine est, à quelques légeres différences près, & quant au fond,

---

* On sçait ce que porte la Fable : que le Centaure Nessus voulant enlever Déjanire femme d'Hercules, ce héros le perça d'une fléche trempée dans le sang de l'Hydre qu'il avoit vaincue : que Nessus en mourant donna, pour se venger, sa chemise teinte de son sang à Déjanire comme un moyen efficace de s'attacher son mari, à qui elle l'envoya. Hercules l'ayant mise, entra dans une fureur si violente, qu'il se précipita dans un bucher allumé sur le mont Æta, & y fut consumé.

la même que celle de tous ces grands Personnages. Votre vûe générale & commune à tous, est de délivrer le Genre-humain de certain joug, que les Apôtres, gens simples, & trop crédules, ont imposé sur nos foibles épaules, & qui paroît insupportable à vous autres Philosophes, qui connoissez mieux qu'eux & les devoirs & les véritables forces de l'Homme. Voilà l'Hydre qu'ont à vaincre nos *nouveaux Hercules*. Et comme cette Hydre a plusieurs têtes, vous prenez aussi différentes routes pour tâcher de la surprendre & de l'exterminer. L'un, c'est le Théïsme ; l'autre, c'est le Déïsme ; un autre, le Tolérantisme ; que sçai-je ? peut-être quelques-uns l'Athéïsme ; enfin un autre, le Matérialisme.

A propos de Matérialisme, quelques-uns de nos gens pourroient bien s'imaginer l'appercevoir tout cru dans votre *pur état de Nature*, qui est la route que vous avez prise ; route qui me paroit elle-même fourchue, & présenter à droite & à gauche, à ceux qui connoissent la carte, outre le grand chemin, mains petits sentiers d'adresse, abrégés & fort commodes pour arriver plutôt au but.

Vous voyez donc en présence, M. l'armée formidable qui est prête à vous livrer bataille. Essayons maintenant quelques-unes des armes dont l'éclat nous frappe les yeux. Voici l'épée à deux tranchants, dont je crains que ne vous perce d'abord le Soldat le moins aguerri.

Vous dites donc, M. le Philosophe, s'écriera-t-il, en vous abordant, que l'homme & la femme, dans leur état primitif, dans leur état originel, s'unissoient fortuitement, selon la rencontre & l'occasion ; & qu'ils se quittoient avec la même facilité ? Cependant, l'Ecriture-Sainte nous apprend qu'Adam le premier homme s'unit & s'attacha indissolublement à Eve la premiere femme, & qu'il dit : *Voilà maintenant l'os de mes os, & la chair de ma chair*, &c. Est-ce que Adam & Eve n'auroient point été, selon vous, dans l'*état primitif & originel* ? Cependant, ils étoient tels qu'ils étoient tout récemment *sortis des mains de Dieu*. Et vous, M. que dites-vous

E iij

autre chose de votre homme primitif? Il est visible que vous ne le supposez *dans l'état originel*, que parce que *vous le considérez tel qu'il a dû sortir des mains de la Nature*. Or, puisque vous vous dites encore *Philosophe Chrétien*, je dois supposer de mon côté, que dans votre Discours, le mot, *Nature*, ne signifie autre chose que *Dieu* même auteur de la *Nature*; & que vous ne l'employez, ce mot, que par une figure familiere à vous autres Philosophes, & qu'on appelle en Rhétorique CATACHRÉSE; c'est-à-dire, ABUS. L'entendre autrement, ce seroit vous accuser de blasphême; crime, dont je ne me crois pas permis de soupçonner même un *Philosophe Chrétien*. Donc l'*Homme* tel que nous le dépeint Moyse, *est l'Homme dans l'état originel*, puisqu'il le considere *tel qu'il est tout récemment sorti des mains* de Dieu, ou, ce qui revient au même, selon votre langage bien entendu, *tel qu'il est sorti des mains de la Nature*. Donc l'*Homme* tel que vous dites qu'il a dû *sortir des mains de la Nature*, est une chimere née de votre cerveau altéré *Préf. pag.* par l'acquisition d'une multitude de con- liv. noissances & d'erreurs.

Je sçais que vos aveugles admirateurs & partisans alleguent pour vous excuser, ce que vous dites, que votre *pur état de Nature* n'est qu'une hypothése appuyée sur *des raisonnements conditionnels, plus propres,* selon vous, *à éclaircir la Nature des choses ;* qu'à *Disc. p. 6.* *en montrer la véritable origine,* & ce que vous ajoutez, que *Dieu a tiré lui- même les hommes de cet état, qui n'e-* *Préf. pag.* *xiste plus, qui n'a peut-être point* lviij. *existé, & qui probablement n'existera jamais.*

Mais je leur réponds, 1°. que vous ne réalisez que trop votre *pur état de Nature,* [on l'a déja démontré en traitant la question de fait] en disant que *les observations,* qu'on a faites, *Notes pag.* selon vous, *sur les variétés que mille* 221. *causes peuvent produire, & ont produites en effet dans l'espece humaine, vous font douter si divers animaux semblables aux hommes ; pris par les Voyageurs pour des Bêtes, sans beaucoup d'examen, ne seroient point en*

E iv

effet de véritables hommes, dont la race dispersée anciennement dans les bois, se trouvoit encore dans l'état primitif de Nature.

pag. 222.

2°. Y avez-vous bien pensé, M. quand vous avez dit *que Dieu lui-même a tiré les hommes de l'état de Nature ?* Car cela veut dire, dans votre système, qu'un Dieu infiniment bon en lui-même, & essentiellement bienfaisant, *a tiré les hommes d'un état heureux pour les faire passer dans un état, où l'Homme individuel cherche l'âge auquel il désireroit que son espèce se fut arrêtée, & d'où mécontent de son état présent, par des raisons qui annoncent à sa Postérité malheureuse, de plus grands mécontentements encore, il voudroit peut-être pouvoir rétrograder vers son état primitif : sentiment, qui, ajoutez-vous, doit faire l'éloge de ses premiers Ayeux, la critique de ses contemporains, & l'effroi de ceux qui auront le malheur de vivre après lui.*

Disc. pag. 8 & 9.

Que de blasphêmes ! Quoi ? *Dieu a tiré l'Homme de l'état de son bonheur originel, pour le précipiter dans l'abîme de maux, dont nous sommes &*

Ibid. pag. 34.

les témoins & les victimes ? *Dieu a tiré l'Homme du pur état de Nature*, c'est-à-dire, dans votre système, de l'état dans lequel *il a dû sortir des mains de la Nature*, ou autrement, des mains de Dieu lui-même ? En un mot, *la Religion*, dites-vous, *nous ordonne de croire que Dieu lui-même a tiré l'Homme d'un état, qui, selon vous, n'a peut-être point existé* ? Vous êtes-vous entendu vous-même, lorsque vous avez écrit ces *Paradoxes* ? Quant à moi, ils me paroissent inintelligibles. Il n'y a qu'un moyen de diminuer le scandale d'un pareil galimathias ; c'est de l'attribuer à votre *coutume paresseuse de travailler à bâton rompu* ; disons-le clairement ; vous avez écrit, sans vous donner la peine de penser. *Disc. p. 6.*

Avertiss. sur les notes.

Non, M. la Religion ne nous ordonne point de croire que Dieu lui-même a tiré les hommes de l'état de Nature. Je vous défie de me montrer l'endroit des saintes Ecritures où vous avez lu ce nouvel article de foi ; ou de me citer le Concile qui l'a défini. La Religion m'enseigne bien que Dieu a créé l'Homme dans un état d'Innocence & de Bonheur ; Innocence & Bonheur, qui étoient par conséquent, de l'état dans lequel *il eſt ſorti des mains de Dieu*, ou, pour parler votre langage, *des mains de la Nature :* mais elle anathématiſe quiconque diroit que c'eſt *Dieu lui-même qui a tiré l'Homme de cet état.* Que s'il en eſt déchu, c'eſt par le mauvais uſage qu'il a fait de *la puiſſance de vouloir ou plutôt de choiſir*, en un mot, de ſa *liberté* que quelques Philoſophes lui *diſputent* & lui *conteſtent*, mais que la Religion lui aſſure comme un Dogme appuyé à la fois & ſur la révélation, & ſur notre ſentiment intime, & ſur l'expérience que nous en faiſons tous à chaque moment de la vie.

<small>Diſc. pag. 32.</small>

Comment vous y prendrez-vous, M. pour parer un ſi rude coup ? Vous retrancherez-vous ſur ce que *le premier homme ayant reçu immédiatement de Dieu des lumieres & des préceptes, n'étoit pas dans le pur état de Nature ?* Il ſera facile à notre champion de vous forcer dans ce retranchement. Quant aux *préceptes*, vous répliquera-t-il, je conviens que tel ou tel précepte indi-

<small>Ibid. p. 5.</small>

viduel peut être *indifférent par lui-même*: mais vous sçavez mieux que moi, M. que toute *créature comme créature*, & par le seul titre de sa création, est *naturellement* dépendante de son *Créateur*, & par conséquent, *naturellement* sujette à recevoir des *préceptes*. Et ne dites pas que, *sans être un très-grand raisonneur, & un profond Métaphysicien, on n'est pas en état de comprendre ces principes*: car fût-on plus *stupide* que votre *homme originel*, on sent, ou du moins, on doit sentir qu'on ne s'est pas fait soi-même, & qu'on dépend de celui de qui on a reçu l'être : *Ipse fecit nos, & non ipsi nos.*

Notes pag. 218.

Préf. pag. lxij.

Pf. 99.

Quoi donc ? continuera votre Antagoniste, vous entendez mieux, si l'on veut vous en croire sur votre parole, *le Droit Naturel*, que tous les Jurisconsultes tant anciens que modernes ; vous êtes *surpris & scandalisé* du peu d'accord qui regne entre eux sur cette importante matiere, & de la perpétuelle contradiction qui se trouve entre toutes les définitions que ces sçavants hommes donnent de la Loi Na-

Lisez la Préf. depuis la page lx jusqu'à la fin.

turel! Quel est donc ce beau *Droit Naturel* qui vient de naître des lumieres supérieures que vous avez acquises sur cette importante matiere par l'étude de l'*Homme* originel, & des principes fondamentaux de ses devoirs ? Le voici: *Les animaux,* dites-vous, *tenant en quelque chose* [pourquoi dans vos principes ne pas dire en tout] *à notre Nature par la sensibilité dont ils sont doués, doivent aussi participer au Droit Naturel, & l'Homme est assujetti envers eux à quelque espece de devoirs.* Il semble, en effet, poursuivez-vous, que si je suis obligé de ne faire aucun mal à mon semblable, c'est moins parce qu'il est un Etre raisonnable, que parce qu'il est un Etre sensible ; qualité qui étant commune à la Bête & à l'Homme, doit au moins donner à l'une le droit de n'être point maltraitée inutilement par l'autre. Il est juste, en effet, selon vos étranges paradoxes, que *la Loi Naturelle,* qui assujettit les Bêtes envers nous, nous assujettisse réciproquement envers les Bêtes, puisque nous sommes comme elles des Etres sensibles. Il est également juste que *la commisération pour tout Etre sensible* qui n'est que le second principe de votre *Droit Naturel*, soit subordonnée *au désir de se conserver*, qui en est le premier. Aussi la commisération n'adoucit-elle pas toujours la férocité de l'amour propre. En un mot, le premier & le grand commandement de votre *Loi Naturelle* est *l'ardent intérêt à notre bien être, & à la conservation de nous-mêmes*. Le second est la *commisération, qui ne fera jamais du mal à aucun Etre sensible, excepté dans le cas légitime, où la conservation d'un individu étant intéressée, il est obligé de se donner la préférence à lui-même*. Et c'est du concours & de la combinaison que notre esprit est en état de faire de ces deux principes, ajoutez-vous avec beaucoup de sagacité, que me paroissent découler toutes les regles du *Droit Naturel* : deux principes, que vous renfermez fort commodément dans cette maxime : Fais ton bien avec le moindre mal d'autrui qu'il est possible. Voilà donc, dans votre nouvelle Jurisprudence, la *Loi & les Prophétes*.

Lisez Disc. p. 68-75.

Je vois bien, M. pourſuivra notre Brave, que dans le *Droit Naturel*, que vous venez tout récemment d'établir, vous reglez les *devoirs de l'Homme* envers les Etres ſenſibles entant qu'il eſt un d'entre eux ; c'eſt-à-dire, que votre piété ſingulierement envers les *Bêtes*, vous a porté à les mettre à l'abri, autant qu'il étoit en votre pouvoir, de *la férocité de l'amour propre* de votre *homme Naturel*, entant qu'elles ſont des *Etres ſenſibles*, & parce que, en cette qualité, l'Homme *tient à leur Nature.*

Mais ne nous avez-vous pas dit quelque part que votre homme du *pur état de Nature* a une *ame ſpirituelle* qui le *diſtingue* des Bêtes? Quels *devoirs* lui preſcrirez-vous en cette partie? La Nature d'*Etre ſpirituel* ne lui en inſpirera-t-elle aucun, pas même envers Dieu, qui eſt auſſi un *Etre ſpirituel*, & *à la Nature duquel*, nous avons, en ce ſens, l'honneur de *tenir en quelque choſe*? Vous gardez ſur cet article un profond ſilence?

Que dis-je, un profond ſilence? Ah! Je ſuis plus que *ſurpris* & plus

Diſc. pag. 32.

que *scandalisé*, quand je lis dans ce qu'on peut appeler la conclusion de votre Discours, cette monstrueuse erreur : Que *les actions humaines tirent d'un précepte indifférent par lui-même, une* MORALITÉ *qu'elles n'eussent de long-tems acquise* ; c'est-à-dire, que nous ne sommes *obligés* de rapporter *nos actions* à Dieu & de lui en rendre compte, en vertu d'aucune *Loi Naturelle*, mais seulement en conséquence de certaines *leçons surnaturelles*, dont quelques-uns de nous *furent honorés dans leur premier Pere*. Car vous nous faites assez entendre que nous n'en fûmes pas tous *honorés de ces leçons surnaturelles*. Vous nous faites entendre ! Je me trompe : vous nous le dites expressément, par cette etrange apostrophe : *O vous, à qui la voix céleste ne s'est point fait entendre, & qui ne connoissez pour votre espece d'autre destination que d'achever en paix cette courte vie !* Mais encore *tous ceux à qui la voix céleste s'est fait entendre*, seront-ils tenus à quelques devoirs envers Dieu ? Selon vous, non : mais seulement *ceux* qui voudront s'obliger

Notes pag. 218.

Ibid. pag. 217.

Ibid. pag. 218.

(64)

d pratiquer les vertus que Dieu leur commande, *en apprenant à les connoître.* Que ce langage reſſemble au blaſphême que profèrent les Impies dans le Pſeaume, en diſant: *Nos lévres ſont à nous: qui eſt notre Maître?* Dixerunt: *Labia noſtra à nobis ſunt: quis noſter Dominus eſt?*

Pſ. 11.

Voilà donc à quoi aboutiſſent ces *leçons ſurnaturelles,* dont quelques-uns de nous *furent honorés dans leur premier Pere.* Cela veut dire que la *Nature* ne nous dit rien de Dieu; que la *Loi Naturelle* ne nous dicte & ne nous impoſe aucun devoir par rapport à Dieu, lui *qui a formé le cœur de chacun de nous: Qui finxit ſingillatim corda eorum.* Hé! d'où vient donc *ce témoignage de l'ame naturellement chrétienne,* dont parle quelque part Tertullien: Grand Dieu! Bon Dieu! témoignage qui échappe ſouvent aux impies les plus déterminés, aux Athées mêmes, comme le fameux Vanini? *O Monstre à reléguer aux extrémités de l'Univers,* s'écrioit autrefois ſaint Jérôme ſur un ſujet infiniment moins important! *O portentum*

Pſ. 32.

Apolog. c. 17.

Epiſt. adv. Vigilant.

tum in terras ultimas deportandum !

Excusez, M. excusez les justes transports de mon zèle : c'est vous qui l'avez excité. La Religion m'a bien appris que depuis que mon cœur a été *corrompu*, & ma volonté affoiblie dans Adam *notre premier Pere*, j'ai besoin de secours *surnaturels* pour accomplir mes *devoirs* de reconnoissance & d'amour envers Dieu ; mais elle ne m'a jamais enseigné que ces *devoirs* ne me fussent pas imposés, ni dictés par *la Nature*. C'est donc une erreur d'une conséquence bien dangereuse, que d'appeller *leçons surnaturelles*, les *préceptes* qui nous *obligent* envers Dieu à titre de *créatures*.

Quant aux *lumieres* que *l'Homme a reçues immédiatement de Dieu*, les qualifier *de dons surnaturels*, ne vous en déplaise, M. le Philosophe, ce seroit encore user de CATACHRÉSE. Car la *Nature* de chaque Etre est ce que Dieu l'a fait ; puisque nous avons déja dit que Dieu est l'Auteur de la *Nature* : or Dieu a créé l'Homme avec des *lumieres* ; donc ces lumieres font de sa *Nature*, &, par la même con-

F

séquence, de son *état originel & primitif*. Car quand il s'agit *de démêler ce que l'Homme tient de son propre fond d'avec ce que les circonstances ont ajouté ou changé à son état primitif; de séparer ce qu'a fait la volonté divine*, d'avec *ce que l'art humain a prétendu faire*; je ne puis croire, malgré l'étude *sérieuse* que vous avez faite de l'Homme & de ses facultés, que vous ayiez l'arrogance de vous en rapporter à ce que peut *vous suggerer* une *imagination* très-probablement déréglée, plutôt qu'au récit de Moyse, reçu, adopté, consacré par la tradition perpétuelle & constante de tout ce qu'il y a eu d'hommes qui ont pensé sainement, même parmi les profanes. Au moins, si vous aviez cette folle présomption, devriez-vous craindre d'être seul de votre sentiment.

{Tréf. pag. liv.}
{Ibid. pag. lxix.}
{Disc. pag. 178.}

Eh bien, M. comment vous trouvez-vous de cette premiere action? Vous sentez-vous battu? J'apperçois pourtant une derniere ressource pour votre système : c'est de dire, que si ces *lumieres* étoient de la *Nature* de l'Homme, & non *des dons surnatu-*

rels, elles brilleroient encore en nous, tels que nous naissons à présent. Or l'Homme naît, du moins en apparence, avec la *stupidité* des Bêtes : & c'est apparemment ce dernier état de l'Homme, que vous avez *transporté* à son *état primitif & originel*, *à l'état de Nature*. Disc. p. 5.

Je vous avoue qu'au premier coup d'œil, j'ai été presque tenté de vous féliciter sur un poste si avantageux. Mais je ne dois pas vous dissimuler, par une fausse complaisance, qu'en y regardant de plus près, je vois, dans vos propres principes, de quoi vous en déloger.

N'enseignez-vous pas vous-même que l'Homme *altéré au sein de la société par l'acquisition d'une multitude de connoissances*, a perdu malheureusement cette *stupidité*, cette *imbécillité* si digne de nos regrets, qui faisoit son *bonheur originel*, & que par les changements successifs de la constitution humaine, il a, pour ainsi dire, changé d'apparence, au point d'être presque méconnoissable ? Qui empêchera donc vos *Adversaires* de soutenir à leur tour Préf liv. & suiv.
Disc. pag. 34 & alibi passim.

que les *lumieres* que *l'Homme a reçues immédiatement de Dieu dans sa création*, étoient un appanage de sa *Nature*, malgré les ténébres où il est *tombé* depuis *par un événement* que vous êtes obligé de *reconnoître* vous-même non seulement comme *Philosophe* qui se dit *Chrétien*, mais parce que, ainsi que l'assure un Philosophe très-réellement Chrétien, *il est impossible que vous ne le reconnoissiez pas*. Ils ajouteront même, pour peu qu'ils soient attentifs à prendre leurs avantages, que c'est par un reste précieux de ses anciennes lumieres, obscurcies, à la vérité, mais non entierement éteintes, que l'Homme est encore aujourd'hui au moins en état de reconnoître ses ténébres.

Pascal, Pensées article III.

En effet, vous connoissez, M. ces anciens Philosophes du Paganisme, vos prédécesseurs, ces prétendus Sages dont l'Apôtre des Nations dit qu'ils se sont égarés dans leurs vains *raisonnemens* ; qu'ils ont été livrés à leur sens dépravé, jusqu'à se déshonorer eux-mêmes ; que leur cœur insensé a été rempli de ténébres ; & qu'en se disant

Rom. 1.

sages, ils sont devenus sous: vous les connoissez ces hommes, qui ont transféré à des *Bêtes à quatre pieds l'honneur**, c'est-à-dire, des *devoirs* que la *Nature* nous dicte & nous *inspire* de rendre *au Dieu immortel*. Cependant ces hommes, à la faveur du précieux reste de lumieres originelles dont nous parlons, n'ont pas laissé d'inventer, par une ingénieuse, j'ai presque dit, par une heuréuse erreur, faute des lumieres que *vous commencez par écarter*, sous prétexte qu'elles *ne touchent point à la question*, ils ont inventé que

---

* Qu'on le remarque bien : un des plus terribles jugements de Dieu sur les anciens Philosophes payens, a été, selon saint Paul, de les abandonner à l'idolatrie. Or ne seroit-ce point une espece d'idolatrie spéculative, que d'enseigner d'une part, que la *Nature* nous *assujettit à quelques devoirs envers les Bêtes*, en niant de l'autre, que la même *Nature* nous en impose aucuns envers Dieu ? Au moins cette doctrine du Sieur ROUSSEAU, ne peut être excusée d'impiété. Qu'on juge de-là dans quel danger est la Religion de la part de pareils hommes. On ne peut trop y faire attention : *Il y a maintenant parmi nous plusieurs Antechrists*. 1. Joan.

nos ames ont mérité par quelque péché commis dans je ne sçais quel état de préexistence, d'être renfermées dans la prison du corps humain. Ils pensoient donc ces Philosophes, tout insensés qu'ils étoient, que les lumieres dont ils voyoient l'Homme actuellement privé, ont *dû* appartenir à son *état primitif & originel*.

Plus je m'intéresse à votre honneur & à votre réputation, M. & plus je suis affligé de l'étrange & étonnant contraste qu'on ne manquera pas de remarquer entre ces prétendus Sages payens & vous, qui avez poussé les recherches sur l'*Homme* jusqu'aux derniers efforts dont l'esprit humain est capable. Les premiers se plaignoient avec amertume que l'Homme est *tombé*, en punition de quelque ancien *forfait*, du séjour de la *lumiere* dans un abîme de ténébres : & vous, *ébloui* apparemment *par les lumieres* éclatantes du Christianisme, vous voudriez pouvoir le faire *rétrograder* vers sa prétendue *imbécillité primitive* ; & vous jettez les hauts cris, parce qu'il fait quelques foibles efforts pour en sortir,

Disc. pag. 62 pénult. & derniere lignes.
pag. 9.

& pour tâcher de reconnoître enfin sa *véritable origine*, & sa noble *destina-* *tion* au-delà de *cette courte vie* : en quoi ne le peuvent aucunement servir, de votre propre aveu, *les raisonnemens hypothétiques & conditionnels*, dont vous composez l'*histoire de son espece*. Notes pag. 217.
Disc. pag. 6 & 7.

Au reste, si vous ne m'aviez appris que c'est la Ville de GENÈVE qui vous a donné la naissance & l'éducation, je saisirois avec plaisir un moyen facile, sinon de justifier votre Doctrine, du moins de vous décharger de l'odieuse invention de votre système. Je dirois que vous l'avez emprunté de certains Docteurs modernes, nés dans le même tems, a peu près, que votre Vénérable Patriarche. Ces Docteurs, d'ailleurs Catholiques, en font parmi nous, un merveilleux usage, pour énerver, ou même, pour anéantir, s'il étoit possible, la sainte rigueur de l'Evangile, qui dans la plûpart de ses *Préceptes* & de ses *Maximes*, ne fait que renouveller & perfectionner nos DEVOIRS NATURELS envers Dieu, envers Nous-mêmes, & envers le Prochain;

témoin ce mot de notre divin *Législa-*
Matth. 19. *teur* : AB *initio non fuit sic*. Je suis
bien persuadé que vous êtes parfaitement d'accord avec eux dans ce pernicieux dessein.

Mais il est un autre point dans lequel vous en différez infiniment, du moins en apparence. L'intention de nos Docteurs, en plaçant les hommes dans un *état de pure Nature*, est de les décharger de certains devoirs gênants, qu'ils appellent pour cela *surnaturels*, & de donner un libre essor aux belles & nobles passions de la Gloire, de l'Ambition, des Plaisirs, & de la Fortune, qui animent & remuent ce que dans le monde on appelle les GRANDS: ils ont entrepris, en un mot, de lever une bonne fois les fâcheux obstacles que l'Evangile oppose en toute rencontre à la poursuite de leurs vastes projets. Votre plan au contraire, [si on s'en tenoit à la lettre de votre Discours] est de dépouiller *l'Homme en général*, de toutes *passions*, de tous *devoirs*, de *vices* & de *vertus*; ensorte que, qui rencontreroit par hazard un *Homme Naturel* de votre fabrique,
auroit

auroit pu le prendre pour un pur Automate, si vous n'aviez eu la prudence de lui laisser encore certain *instinct pour sa propre conservation*, commun à tous les animaux. Ainsi, pour lui rendre toute la justice qui lui est dûe & assurée par vos arrêts Philosophiques, on peut le comparer à un LIMAÇON, qui au moindre soupçon de danger, allonge ses admirables télescopes pour observer les démarches de l'ennemi, les retire à son approche, & met son individu en sûreté dans le fond de sa coquille. Telle fut originairement, selon vous, *la céleste & majestueuse simplicité, dont son Auteur l'avoit empreint.* Préf. page lv.

Vous voyez, M. que je vous parle avec franchise & avec liberté : c'est que je ne puis me résoudre à laisser dans l'opprobre, encore moins dans l'erreur, un *Philosophe Chrétien*, qui vient de rendre à l'*Homme* l'important service de le désabuser des idées trop avantageuses qu'il a conçues de lui-même. J'aime même à me persuader, qu'après avoir imaginé un système, qui nous est si humiliant, & par conséquent si salutaire, vous avez, comme il étoit juste, profité le premier, d'une si heureuse découverte, & que vous avez commencé par vous mépriser vous-même : au moins, vous êtes-vous rendu méprisable à vos Contemporains. Je dis à vos Contemporains, car vous n'avez rien à craindre de la Postérité : elle ne croira jamais qu'il ait pu sortir de la plume d'un Individu de la Nature humaine, qui se donne le beau nom de *Philosophe Chrétien*, *Dédicace* & qui *désire de laisser après lui l'hono-* *pag. xxiij.* *rable mémoire d'un homme de bien, &* *d'un honnête & vertueux Patriote*, un systême sur l'Homme aussi fou, aussi *scandaleux*, & aussi impie que celui qui vient de paroître sous le titre de *Discours sur l'origine & les fondemens de l'inégalité parmi les Hommes.*

Je suis.

A Paris le 30 Octobre 1755.

POSTSCRIPTUM.

COmme nous finiſſions cette Lettre, il a paru dans le Public une *Lettre de M. D. B. *** à Madame ****** sur le même ſujet. L'Auteur y expoſe en peu de mots les paradoxes, les bévues, les contradictions, les abſurdités & les inconſéquences de notre prétendu Philoſophe. Le Lecteur pourra la joindre à celle-ci, en attendant que quelque main habile prenne la plume pour venger les outrages que de pareils Ecrivains font à la Religion en ces jours malheureux.

www.ingramcontent.com/pod-product-compliance
Lightning Source LLC
LaVergne TN
LVHW051511090426
835512LV00010B/2463